Manufactured by Amazon.ca
Bolton, ON

36326570R00061